Deuils, des chemins pour la vie

THIERRY MARX

DEUILS, DES CHEMINS POUR LA VIE

le cherche midi

Édition établie sous la direction de Denis Gombert

Vous pouvez consulter notre catalogue général
et l'annonce de nos prochaines parutions sur notre site :
www.cherche-midi.com

92, avenue de France
75013 Paris
serviceclients@lisez.com

Conception graphique : Justine Dupré
Composition : Nord Compo
Dépôt légal : novembre 2024
ISBN : 978-2-7491-8192-9

« Habitue-toi à tout ce qui te décourage. »

Marc Aurèle, *Pensées pour moi-même*

AVANT-PROPOS

La leçon du photographe

— Tu vois, mon métier, c'est l'école du deuil. Je n'ai pas d'autre solution. Je dois faire des choix.

Ce soir de juin 2010, dans une chambre d'hôtel de Tijuana, mon ami, photoreporter avec qui j'avais déjà pas mal baroudé, me fit cette confession alors qu'il était en train de trier les centaines de clichés qu'il avait pris dans la journée. Toutes ces photos avaient un sens. Quand il dégainait et appuyait sur le bouton, on savait qu'il avait choisi cet « instant décisif » dont parlait Cartier-Bresson. Pourtant, ce soir, je le voyais supprimer, apparemment sans remords, des dizaines de clichés qui se trouvaient sur sa planche-contact. J'étais frappé par son calme. Il agissait en raison, sans affect déplacé et sans manifester d'amertume pour ce qu'il laissait de côté. C'est alors qu'il me parla de cette « école du deuil » dont il avait fait sa philosophie. Pour lui, le deuil était un geste mécanique qui faisait partie du mouvement même de la vie.

Une question me brûlait les lèvres :

— Dans la vie de tous les jours, tu fais pareil qu'avec tes photos ?

Il me répondit sans ciller, un sourire au coin des lèvres.

— Oui, pareil. Je fais le tri. J'avance.

« En appuyant sur le déclencheur de mon appareil, je sais que j'ai déjà fait le deuil de beaucoup d'éléments qui aurait pu avoir une influence sur le sujet que j'ai choisi », précise pour sa part Mathilde de l'Ecotais, artiste plasticienne qui s'est aussi illustrée dans le reportage. Un photographe, ajoute-t-elle, sculpte une partie de la réalité et, ce faisant, fait le deuil de ce qui est hors cadre. » Pour elle, cette démarche s'exacerbe encore au cinéma où le réalisateur doit faire ce deuil avant même d'être sur le plateau. Je trouve dans la démarche de Mathilde de l'Ecotais des similitudes avec celle des « sabreurs » dans les arts martiaux. C'est l'imminence de l'instant, le « moment déterminant » quand il n'y a plus place pour l'hésitation, qui va donner, en une fraction de seconde, une image fixée pour l'éternité.

Je me souviens aussi d'un ami écrivain, rencontré par hasard à Paris en début de soirée, qui me disait, l'air réjoui qu'il avait bien travaillé. Explication : « J'ai coupé près de dix mille signes dans le manuscrit de mon prochain roman. »

Là encore, je fus frappé par cette possibilité ouverte de tailler dans le vif pour pouvoir avancer. Il s'agit d'« apurer », comme on me l'avait appris aux Compagnons du devoir. Pour moi, le deuil restait cette étrange force qui nous pénétrait complétement en engageant tout notre être et dont on ne pouvait se débarrasser qu'à l'issue d'un très long processus. C'est le temps qui était le grand maître, et l'on ne pouvait parler de lui qu'avec une certaine gravité. Au seul mot de deuil, je sentais mon corps se raidir et mon esprit s'engluer dans un no man's land.

Il me fallut alors un certain temps pour accepter de me séparer. Des choses, des êtres, des situations, des fausses certitudes. Pour comprendre que la vie était autant acceptation que renoncement. Pour cela, je me suis longtemps cherché, j'ai emprunté de nombreux chemins, et rencontré beaucoup de monde. Avant de comprendre que, vivre, c'est avant tout apprendre à choisir.

Attention : il serait trop facile de mettre tous les deuils sur le même plan. Là aussi, nous devons respecter une certaine hiérarchie. Tous les deuils ne sont pas de la même importance et de la même nature, tous dépendent d'un contexte et d'une façon de ressentir les choses. Et puis, on ne souffre pas de la même manière de la perte d'un stylo, même chargé d'histoire, que de celle d'une personne avec qui on a vécu des années. Là, j'entends encore Jacques Brel dans *Les Vieux* :

« Et l'autre reste là, le meilleur ou le pire, le doux ou le sévère

Cela n'importe pas, celui des deux qui reste se retrouve en enfer. »

Le but, et je reconnais qu'il n'est pas facile à atteindre, est justement de tenter de sortir de cet enfer. Mon but, en écrivant ce livre, n'était pas de prêcher la bonne parole comme tant de doctes « professeurs de vie ». Loin de moi l'idée de dispenser des vérités hâtives ou des préceptes moraux. En toute humilité, j'ai voulu coucher sur le papier un certain nombre de réflexions, forgées, ou plutôt labourées, le long d'une existence riche en expériences.

Tout ce qui est écrit ici découle donc d'un parcours qui m'a heureusement permis de rencontrer, d'un bout à l'autre du monde, des femmes et des hommes menant ou ayant mené des vies très différentes les unes des autres. Je ne leur serai jamais assez reconnaissant de m'avoir enrichi de leurs expériences.

J'ai dû aussi compter avec des intuitions qui, progressivement et confrontées à la réalité des choses, se sont muées en raisonnement. Mais toujours, je ne l'écrirai jamais assez, avec la modestie d'un citoyen qui a décidé que la valeur d'une action s'éprouve davantage dans les faits que dans le discours. Vivre, pour moi, c'est agir.

Cette quête, je la poursuis, en tentant, à mon niveau, de répondre à ces questions qui nous hantent tous et qui, de près ou de loin, tournent autour du deuil :

— Pourquoi n'arrivons-nous pas toujours à avancer dans la vie ?

— Sommes-nous, dès notre naissance, obligés de jouer le rôle social qui nous aurait été assigné ?

— Comment faire face à l'adversité ?

— Est-il évident, et pour tout le monde, d'entreprendre ?

Bien présomptueux serait celui qui prétendrait répondre complètement à toutes ces questions. Pour ma part, je trouve déjà très constructif le fait de se les poser. Et j'espère que mes lecteurs pourront s'interroger à leur tour. Je sais aussi, et je le répète, que nous ne pouvons tirer des leçons que de nos expériences. Et de la traversée de cette « mer d'incertitude » qu'est la vie. Foin alors des idéologies du prêt-à-penser qui ont fait tant de mal.

Bien sûr, les pensées que je développe et les exemples que je convoque n'engagent que moi. J'ai pourtant la faiblesse d'espérer qu'ils pourront vous parler. Ne serait-ce qu'à bas bruit.

1

Faire son deuil, c'est choisir d'avancer

« Quand tu aimes il faut partir
Ne larmoie pas en souriant
Ne te niche pas entre deux seins
Respire marche pars va-t'en. »

Cela peut paraître saugrenu, mais c'est ce poème de Blaise Cendrars que j'ai en tête, ce mardi 19 décembre 2023, lorsque j'annonce officiellement, et à la surprise générale, mon départ de la compagnie *Mandarin Oriental*, après quatorze ans de bons et loyaux services. Une période riche, formidable, qui m'a notamment permis d'obtenir ma première étoile. Mais qui m'a aussi offert l'occasion de très belles rencontres, en Asie notamment. Toute une culture que j'avais appréhendée par le monde du judo s'est alors ouverte devant moi. Comme si je me plongeais dans un bain régénérant.

Très vite, je me suis bien intégré dans la compagnie et nous avons obtenu d'excellents résultats. Je dois l'avouer, non sans une certaine fierté : je n'aurais jamais cru que moi, le petit gars de Ménilmontant, parti très tôt de chez mes parents, plus enclin à la bagarre qu'à l'échange, je pourrais mener un tel parcours professionnel.

Pourtant, j'ai accepté de couper dans le vif et de faire mon deuil de cette situation enviable. Deuil du confort, du salaire qui tombe tous les mois, de la notoriété. J'ajouterai que l'on peut faire aussi le deuil d'un bonheur quand on prend conscience que, comme la vie, celui-ci ne durera qu'un temps.

Mais voilà : la vie est une succession de crises, des « mini » comme des « maxi », et il faut s'y préparer. Les faits sont les faits. Ils ne sont pas négociables. Alors, nous devons les affronter. J'ai toujours pensé qu'il fallait être dur avec les faits et bienveillant avec les gens. Même si la vie nous apprend que les gens ne sont pas toujours aussi réguliers que nous l'avions espéré. « Si vous voulez des personnes loyales autour de vous, mieux vaut vous entourer de chiens », plaisantait un de mes amis.

Bref, mon départ s'imposait. Il faut savoir couper les amarres quand celles-ci commencent à se révéler toxiques. Je me suis aussi rendu compte que j'étais en train de me « fonctionnariser ». Voire de me « coucher » en acceptant des décisions contraires à mes principes. Voilà que l'on me demandait, même à mots cachés, si mon équipe n'était pas « trop importante ». Me sont revenus alors ces mots terribles de « dégraissage » ou de « réduction des effectifs », préludes au chômage, qui sonnaient comme de terribles avertissements dans ma jeunesse dans les quartiers ouvriers.

Tout le monde a déjà ressenti ce fait : vous êtes convaincu que vous devez aller de l'avant et changer. Vous êtes sûr de votre force et déterminé à agir. Et je ne parle pas seulement de projet professionnel. Cela peut être des évènements domestiques. Par exemple, quand nous savons que nous ne pouvons plus rester avec une personne.

Voilà alors que nous prenons peur. Nous avons beau avoir fait 80 % du chemin, les 20 % restants sont pavés d'anxiété, de projections négatives, d'angoisse, de mauvais rêves. Nous craignons l'imprévu ou les conséquences éventuelles de nos actes à venir. Sans parler de la peur de n'avoir plus la capacité d'agir même si nous savons que cette action sera entièrement bénéfique.

Ajoutons aussi une forme tenace de culpabilité. Si je pars pour une nouvelle aventure, si je quitte quelqu'un, je peux penser que ma décision est illégitime et me considérer comme un imposteur. De quel droit puis-je me croire supérieur à untel ou untel ? Alors, pour ne pas blesser les autres, pour ne pas déranger une situation, on ne fait rien. En sachant bien, au fond de soi, qu'il s'agit de la pire des situations, celle où, ayant la possibilité d'agir, on préfère subir.

En fait, la seule question à se poser est de savoir si l'on a, ou non, envie de poursuivre un chemin. Je ne suis jamais parti à cause de quelqu'un, mais parce que je voulais voir plus loin.

Sachant que j'allais devoir faire mon deuil, animé d'une grande force et bien épaulé, j'ai donc quitté le *Mandarin Oriental*. Même si j'avais fait déjà un bon bout de chemin – je préfère parler d'accomplissement plutôt que de réussite – j'ai décidé d'aller plus loin. Par exemple en élaborant de nouveaux projets en concordance avec mes propres désirs.

Je pense que s'autoriser à faire le deuil de quelque chose nous libère et réactive une nouvelle énergie en nous. Même si tout reste à faire, mieux vaut un chemin nouveau qu'un terrain miné par des habitudes et des faux-semblants. Dans la chute, même, l'idée qu'on va se faire mal et qu'on va accepter de se faire mal nous fait grandir et nous renforce. Aussi bien physiquement qu'intellectuellement.

S'il faut faire un choix, c'est celui d'être un être humain qui tombe, mais qui se redresse. Je suis convaincu que nous portons en nous la possibilité de notre propre réalisation à partir du moment où nous faisons la paix avec nous-mêmes. Accepter de faire certains deuils permet non seulement d'avoir le privilège de se regarder en face, mais encore d'être au clair sur son désir d'action.

Je suis encore bouleversé lorsque je lis la fin du poème de Blaise Cendrars *Tu es plus belle que le ciel et la mer.*

« Le monde entier est toujours là
La vie pleine de choses surprenantes
Je sors de la pharmacie
Je descends juste de la bascule

Je pèse mes 80 kilos
Je t'aime. »

J'apprécie cette façon de se retrouver face à soi-même dans tout son poids, et face à ses désirs dans un instant de vérité devant lequel on ne peut pas se dérober. Avant de faire le deuil des choses et des êtres, sachons nous considérer pour ce que nous sommes et, donc, apprenons à nous connaître. On se ment souvent à soi-même. Qu'il me jette la pierre, celui qui ne s'est pas fourvoyé. Et puis un jour, on voit clair. Non, ce n'est pas un hasard. Nous voilà prêts à agir. Oublié, alors, ce qui nous semblait poser tant de difficultés et nous demander tant d'efforts.

Face à notre propre vérité, nous avons en nous l'évidence de ce qui est juste.

2

L'école de la rue

Les dés avaient été vite jetés. Dès mes premières années d'école, je ne voyais pas du tout, mais alors pas du tout, l'intérêt de ce que mes professeurs tentaient de m'apprendre. On ne me disait pas incapable, mais « incontrôlable ». Peut-être une sorte de compliment ? Ce qui m'attirait, c'était tout ce qui se passait dehors, ce « sirop de la rue » comme on disait. Les terrains vagues, près des « fortifs », les carcasses de bagnoles pourries où avec mes copains nous pouvions passer la nuit. Attention : le coin n'était pas tranquille. Si les apaches, immortalisés par Becker dans *Casque d'or* en 1952, sept ans avant ma naissance, faisaient partie de l'imaginaire du quartier, celui-ci était encore très chaud. Il fallait savoir se défendre. Contre les blousons noirs, par exemple. Ma stratégie d'alors : frapper toujours le premier.

Je sais aujourd'hui que j'ai eu la chance de grandir à Ménilmontant, dans le 20e arrondissement de Paris, qui reste pour moi le plus beau de la capitale et dont je connais encore toutes les rues par cœur. Un quartier populaire, certes. Mais, aussi, un quartier… comment dire ?… aristocratique. À Ménilmuche, l'endroit le plus élevé de la capitale, on a Paris à ses pieds ! Un quartier rouge, enfin, et fier de l'être. Et qui avait payé son tribut à la lutte contre l'occupant nazi. Précisément, nous habitions rue du Groupe-Manouchian.

Si nous étions très « légers d'argent », comme le chanta si joliment Georges Brassens, je ne me sentais pas pauvre. Il faisait bon dans l'unique chambre où j'habitais avec ma mère alors que mon père était dans l'armée. Une fenêtre, un évier, deux lits, un poêle à gaz.

Là, j'ai eu la chance insigne de recevoir une éducation qui m'a épargné les miroirs aux alouettes des fausses valeurs. Déjà, la télévision brouillait les cartes. Avoir la « télé », c'était entrer dans un monde déversant son flot continu de divertissements. Durant longtemps, nous ne l'avions pas eue.

Comment parler de deuil sans évoquer le souvenir de ma mère ? Dès ma plus tendre enfance, j'ai eu l'intuition que la vie ne lui avait pas fait de cadeaux. Mais elle ne l'a jamais montré. Elle a serré les dents. Le deuil, elle l'a connu très vite. Elle a 4 ans en 1940 lorsque ses parents périssent dans un bombardement sur les routes de l'exode. Elle est alors placée dans une institution religieuse. Jamais je ne l'ai entendue parler de ce drame. Comme je ne l'ai jamais entendue se plaindre de son sort. Ce n'est qu'après son décès que j'ai appris que la seule personne auprès de laquelle elle s'était épanchée était le curé du village de Saints, en Seine-et-Marne.

Mes parents se sont connus très jeunes. Très vite, ma mère se retrouve seule puisque mon père part faire la guerre pendant trente-six mois dans les djebels algériens avant d'intégrer les Forces françaises en Allemagne. Ma mère serre les dents. Elle a un enfant, donc elle est en responsabilité. Oubliés, alors et pour longtemps, l'insouciance et le confort.

Ma mère ne jouait pas le jeu de la consommation. Pour elle, il y avait des choses plus importantes. La lecture par exemple. Je me souviens toujours d'elle un livre à la main. Pas question non plus de remplir le frigo de Coca-Cola ou de friandises faussement sophistiquées. L'eau du robinet, le chocolat noir et le pain d'épices suffisaient.

À l'école, bon an mal an, je suis arrivé jusqu'à la cinquième. Je n'étais pas, à proprement parler, un cancre. Mais cela ne m'intéressait pas. Je ne veux pas jeter la pierre aux enseignants, mais je pense qu'ils s'y prenaient très mal. Je crois encore aujourd'hui que l'éducation doit être plus importante que l'enseignement proprement dit. Reste aussi l'appel de la rue et de ses mystères, qui était plus fort que tout.

Et puis, on ne m'a pas donné le choix. Les responsables de l'école m'ont convoqué et ont décrété que :

1/ j'étais un mauvais élève ;

2/ je ferais un CAP de mécanique générale.

Je n'avais rien contre la mécanique – particulière comme générale –, mais cela ne me parlait pas. En fait, je n'avais rien à répondre. Plus tard, je comprendrais qu'il ne faut jamais laisser les autres choisir à votre place et que celui qui est privé de parole est aussi dépossédé de ses désirs. On pense alors pour vous, de peur, sans doute, que vous ne pensiez vous-même.

J'aurais préféré qu'on me questionne sur ce que je voulais faire et qu'on m'enseigne ensuite un savoir. Je côtoyais dans le quartier des adultes qui semblaient épanouis professionnellement. Eux, ils auraient pu me guider. Mais, non, ce serait mécanique générale ou rien. Pourtant, je pense que j'avais déjà en moi une volonté, un mental, comme on dit. Mais voilà : je ne voulais en aucun cas rester prisonnier d'une condition décidée pour moi.

Je vis très mal, en 1972, notre déménagement chez ma grand-mère à Champigny, dans une de ces « cités radieuses » nouvellement construites où vivent plus de 3 000 familles. L'horreur. En plus du métro il nous faut prendre cinq bus pour y arriver. Et puis, la cage d'escalier qui remplace la rue. Je pleure la vie grouillante, colorée, de mon Ménilmuche.

Trois ans plus tard, j'entre chez les Compagnons des devoirs unis, où j'obtiens mon CAP de pâtissier, chocolatier, glacier. Là, j'apprends l'exigence. Mais aussi la règle d'aller vers les autres. De briser les frontières des clans. Une fois le travail accompli dans un endroit, il faut prendre un nouveau chemin, faire de nouvelles rencontres, affronter un nouveau défi. Alors, on pourra développer des compétences jusque-là enfouies. Je découvre la joie de partir non pour fuir, mais pour me réjouir d'un lendemain où je pourrai être utile en accomplissant quelque chose de nouveau.

Mais je continue aussi à me battre, à fuguer.

À me chercher.

C'est la rue, je le répète, qui m'a forgé, mais elle m'a aussi laissé un grand sentiment de colère. Alors, j'ai fait, un peu sans m'en rendre compte, le bilan de ce que me rapportait ma colère. Certes, elle était porteuse d'une énergie qui faisait mon identité, mais, plus souvent qu'à mon tour, elle me mettait en porte-à-faux avec les autres et, en fin de compte, se retournait contre moi.

Attention : je suis toujours très fier de ma famille. Et de son courage à affronter l'adversité. J'ai envie de leur dire que je vais arrêter de peser sur eux. Que je dois maintenant faire ma vie tout seul. Je me demande s'ils m'en veulent. Je regrette aussi d'être sans doute passé à côté de nombreux instants de vie avec eux. Bien sûr, le départ est une forme de rupture. Familiale. Sentimentale. Ceux qui vous aiment le savent. Et vous laissent partir. Je ne sais plus qui a dit que les enfants n'appartenaient pas à leur famille.

Alors, j'ai pris le large.

En fait, je suis convaincu qu'en faisant ce choix je cherchais à changer quelque chose en moi. Je pense rétrospectivement que si j'étais resté là où je me trouvais, les choses auraient risqué de mal tourner. J'avais l'impression que le quartier allait se refermer sur moi comme un sarcophage.

Oui, il fallait partir. Coûte que coûte.

Alors, j'ai choisi d'aller vers le monde. Vers l'inconnu.

Pour la première fois de ma vie, j'ai tranché.

Plus tard, j'apprendrais, en lisant l'histoire des samouraïs nomades, les bushi, que partir ce n'est pas fuir, c'est construire autre chose.

Faire son deuil, c'est aussi se débarrasser de toutes ces scories.

J'ai donc exercé toutes sortes de métiers, rencontré beaucoup de gens différents, venant de milieux sociaux si opposés que j'avais peine à croire qu'ils pouvaient vivre sur la même terre.

De toutes ces rencontres j'ai conclu que celui qui se forge une conviction et nourrit un vrai projet pourra vraiment agir. Rien à voir avec le milieu social. J'ai vu des gens nés avec des cuillers en or dans la bouche incapables de savoir vers quoi engager leur vie. J'ai vu aussi des belles personnes, sorties du ruisseau, prêtes à déplacer des montagnes.

L'essentiel est d'avoir la force d'agir, de passer à l'acte, comme disent les psychanalystes. De pouvoir transformer une intention en action. Agir, et j'en reviens au deuil, c'est aussi accepter de laisser derrière soi des évènements, des objets, des gens, des envies. On ne peut pas tout emmener dans ses bagages quand on prend un nouveau départ. Il faut aussi savoir renoncer aux fausses excuses qui nous empêchent d'aller de l'avant.

3
Savoir se tenir

Être digne dans le deuil a toujours été pour moi une exigence absolue. C'est un sentiment qui me bouleverse. Ils n'ont rien compris, ceux qui voient dans cette retenue un manque de sensibilité.

Les générations de mes parents et grands-parents exposaient peu leurs émotions. Il fallait savoir se tenir, comme on disait. Face aux drames de l'existence, c'était aussi faire preuve d'une certaine politesse à l'égard des autres qui devaient continuer à vivre. Savoir se tenir, c'était également la fierté des pauvres. Cette façon, cet art, de se tenir droit et solide face aux aléas de la vie m'a beaucoup aidé. Être confronté aux difficultés, au déclassement, savoir « encaisser » vous fait comprendre ce qu'est l'instinct de survie.

Mes grands-parents paternels m'ont aussi donné une belle leçon dans leurs derniers instants. J'avais 12 ans quand ma grand-mère m'a fait venir près d'elle. D'une voix douce, presque rassérénée, elle m'a dit :

— C'est fini. J'arrête ce soir. Je ne veux plus retourner à l'hôpital. Tu n'en parles à personne. Ni à ton père, ni à ta mère.

Le lendemain matin, elle était morte.

Quelque temps plus tard, je vais voir mon grand-père à l'hôpital. Jusqu'à 80 ans, ce responsable syndical avait pratiqué la savate, sport de percussion très en vogue avant-guerre qui mobilisait les pieds et les poings, aujourd'hui plus connue sous le nom de boxe française. Il disait qu'il mettait ses gants juste pour aller « sentir l'odeur de la salle ». Après une fracture du col du fémur il se retrouve hospitalisé et isolé. Il me dit :

— C'est fini, ça va se terminer au cimetière.

Au petit matin on l'a retrouvé mort dans son lit.

Je trouve extrêmement digne cette attitude de mes grands-parents. Sans le savoir, leur manière d'affronter la mort rejoint les principes moraux des guerriers japonais. Dans l'esprit du bushido, le code d'honneur auquel ils devaient se conformer, il leur est ainsi demandé « une soumission tranquille à l'inévitable, un calme stoïque aux vues de dangers ou de sinistres ». C'est bien cela l'essence du bushido : adopter en tous lieux une même attitude face à la vie. L'esprit du bushido, littéralement « la voie du guerrier », fournit un sentiment de calme et de confiance en son destin à celui qui l'observe. Une sentiment de soumission tranquille face à l'inévitable. Ainsi les samouraïs, dès l'enfance, apprennent que la mort est une délivrance. Chez les bouddhistes ou les shintoïstes, c'est un envol vers autre chose.

Je suis très sensible à cette idée de renversement. Il consisterait en un calme stoïque qui emplirait l'âme à la vue de dangers ou de sinistres. Un dédain de la vie qui en viendrait à accepter la mort avec convivialité. Au lieu de la peur panique de la mort, au lieu d'une course effrénée contre le temps pour paraître jeune, il faut accepter la mort pour ce qu'elle est, c'est-à-dire une loi intangible de la nature.

Attention, je fais une grande différence entre résignation et acceptation. Ce que j'appelle « l'école du deuil » est une action non par défaut, mais par choix. Puisque la mort est inévitable, il convient de la regarder en face. Alors, se tenir devant elle avec un calme stoïque rend notre vie plus digne et plus grande.

4

Se débarrasser de l'image du samouraï ultime

Les arts martiaux et la boxe m'ont appris la modestie. Certes, gagner ou perdre, c'est une des lois du sport. Mais nous ne pouvons pas nous faire passer pour plus forts que nous sommes. À nous, donc, de faire le deuil de nos fantasmes. J'ai ainsi dû me débarrasser de l'image héroïque et romantique du samouraï ultime, ce combattant invincible. D'abord au judo, puis dans la boxe, que je me mis à pratiquer au Red Star de Montreuil, je me voyais gagnant, toujours gagnant. Le champion ultime. Une erreur monumentale, car, très vite, vient l'apprentissage de la défaite. Pour moi, perdre, c'est le premier deuil, le deuil d'un idéal. Mais c'est aussi comprendre que l'on ne peut pas être plus fort que l'on est. Alors, les défaites peuvent être nécessaires.

Cette acceptation de la chute et le rebond qui s'ensuit nous ramènent à la verticalité. C'est parce qu'on est tombé qu'on apprend à se tenir droit. Ne dit-on pas qu'il faut cent chutes pour faire un cavalier ? Plus tard je comprendrais aussi que le sport et la cuisine ont un point commun : le fait de vivre dans un présent total qui oblige à la vigilance. Perdre fait partie de la vie, comme manquer une compétition ou louper un plat.

Je ne remercierai jamais assez Gilles, mon premier professeur de judo, de m'avoir sorti de la rue pour me montrer le chemin de « la salle » de judo. « Je vais à la salle » : j'aimais, et j'aime encore ce rituel de se rendre dans un lieu consacré.

Les arts martiaux ne sont pas un simple divertissement, mais une activité qui interroge et qui fait sens. À un moment, j'ai même pensé à consacrer ma vie au judo. Un de mes amis m'a alors mis en garde : « Oui pour le judo dans ta vie, mais non pour ta vie dans le judo. » Sans doute pressentait-il que j'étais appelé à accomplir d'autres choses.

Là encore, je dois remercier ma mère, qui m'a permis de rencontrer le judo. Elle avait ainsi économisé pendant des mois pour m'offrir « pour mon Noël » mon premier kimono, ou plutôt mon premier judogi, véritable appellation de la tenue du judoka. Il fallait se rendre dans une boutique spéciale nichée sur la montagne Sainte-Geneviève, la boutique de référence du monde du judo à Paris. Là, on était sûr de trouver les vraies tenues, originaires du Japon. Je me souviens encore du sentiment de fierté qui m'a envahi lorsque j'ai revêtu la précieuse veste et le pantalon pour la première fois. Comme si je tournais le dos aux riches et à leurs valeurs, à la culture dominante. Mieux : je n'avais pas besoin de ressembler aux riches puisque j'avais mon monde à moi. Je n'étais pas de ceux qui espèrent devenir riches en se parant des attributs des riches et qui, ce faisant, s'appauvrissent.

Ce que j'aime dans le judo, c'est qu'on gagne autant par l'exercice que par la volonté : on ne peut pas perdre. Je sais très bien que cela est illusoire, mais c'est se dire que l'on ne peut pas perdre qui détermine votre action. On est condamné à la lutte et au combat. Comme dans la vie.

J'ai été sûrement impressionné très jeune par les films sur le kung-fu. Pas des chefs-d'œuvre, bien sûr. Mais j'étais très excité par Bruce Lee. Il avait l'attrait de l'exotisme. Avec lui, je passais de Ménilmuche à Pékin. Et puis un jour, au début des années 1970, flânant devant un cinéma d'art et d'essai du Quartier latin, je suis attiré par une affiche avec des idéogrammes. Je pense que c'est un film chinois. J'entre. La salle est quasiment vide. Et là, le choc. La révélation. Je suis immédiatement pris par ce film. En fait, il s'agissait de *La Trilogie Samouraï*, du japonais Hiroshi Inagaki, qui raconte la vie d'un mauvais garçon qui devient samouraï et qui cherche toute sa vie à s'améliorer. Les décors, les couleurs, tout me fascine. Je comprends que la vie est un chemin. Mieux : une construction. Chaque pas que nous faisons, chaque parole que nous proférons, chaque décision que nous prenons nous conduit quelque part. Mais je comprends aussi, et c'est fondamental, que chaque choix est en quelque sorte le deuil d'un autre choix.

5
Les étapes du deuil

La première image qui vient à l'esprit lorsque l'on évoque le deuil reste bien entendu la période qui suit la perte d'un être cher. Avec une évidence : nous ne sommes pas maîtres des horloges. La mort est plus forte que nous puisqu'elle est inscrite dans l'ordre de la nature. En nous persuadant que c'est tout simplement un principe naturel et non un mécanisme tragique, nous faisons déjà un premier pas vers une forme de sagesse.

La psychiatre suisse-américaine Elisabeth Kübler-Ross, classée en 1999 parmi les cent plus grands penseurs du XXe siècle, a défini dans son livre *Les Derniers Instants de la vie*[1] les cinq étapes qui jalonnent ce deuil.

---

1. Labor et Fides, 1969.

Vient d'abord le déni, cette réaction choc à l'annonce de la terrible nouvelle. Lequel d'entre nous ne s'est-il pas exclamé : « Non, ce n'est pas possible ! » en apprenant la mort d'un proche ? Vient ensuite la colère. Tant contre ceux qui seraient supposés responsables de cette disparition qu'à l'égard des évènements eux-mêmes, guerre, catastrophe naturelle. Suit le marchandage, phase au cours de laquelle on tentera de trouver des solutions pour faire revenir la personne disparue. Quatrième phase, la plus dure : la tristesse, au cours de laquelle le corps est abattu. Viendra enfin l'acceptation. La personne en deuil se retrouve alors face à sa propre vérité et peut entamer sa reconstruction. Ce chemin de deuil, Elisabeth Kübler-Ross montre bien qu'il oscille en permanence entre sensation et raison. Le deuil est donc un processus et pas seulement une accumulation d'émotions.

Nous n'apprendrons jamais à vraiment faire le deuil. Nous pouvons tirer des enseignements de nos expériences, mais nous ne dicterons jamais nos lois à la nature. Ceux qui disent le contraire sont soit des suprêmes orgueilleux, et la vie se chargera de leur rabattre le caquet, soit des charlatans, qui veulent vous vendre la promesse d'une immortalité impossible.

Alors, LA question se pose : faut-il lutter contre l'irrémédiable ? Je crois que oui. Ne serait-ce que pour montrer que nous sommes dignes d'être vivants. Certes, la mort est au bout du chemin. Il faut en prendre conscience.

Nos sociétés ne regardent plus la mort en face. Elles la dérobent à notre regard. Nous ne mourons plus à la maison, en famille. Bien sûr, nous faisons tout pour que nos proches partent en paix et souffrent le moins possible, mais nous ne les veillons plus.

Nous sommes révoltés par les morts injustes, et la disparition de ceux qui partent trop tôt. Dans ce cas le deuil est plus douloureux. Car il peut nous culpabiliser. Si celui-ci de nos amis nous avait écoutés ? Si celui-là avait consulté un médecin plus tôt ? Or nous savons que l'histoire ne peut être réécrite. Alors, la fragilité de la vie, y compris la nôtre, nous apparaît dans toute son évidence. Une mauvaise rencontre, une mauvaise chute, une mauvaise prescription, un mauvais choix, et tout bascule.

Ne l'oublions jamais : le temps finit toujours par l'emporter, il sera toujours le grand vainqueur.

Baudelaire l'a écrit mieux que personne dans *L'Horloge* :

« Trois mille six cents fois par heure, la Seconde
Chuchote : *Souviens-toi !* – Rapide, avec sa voix
D'insecte, Maintenant dit : Je suis Autrefois
Et j'ai pompé ta vie avec ma trompe immonde !
[...]
Souviens-toi que le Temps est un joueur avide
Qui gagne sans tricher, à tout coup ! C'est la loi. »

Chaque fois que je lis ces vers, je suis à la fois accablé par la fatalité et porté par l'énergie d'agir. Comme un coup de fouet. Baudelaire charge d'une portée tragique son rapport au monde. Ce tragique, je l'ai appréhendé lors de mes nombreux voyages en Asie. Les cultures hindouistes et bouddhistes font le même constat de notre finitude, mais lui donnent une autre dimension. Pour elles, la question du temps et de notre passage sur terre est vue comme une appartenance au grand tout de la nature. La mort, alors, n'a rien de révoltant.

Plus j'avance en âge et plus je me sens rattaché à l'histoire de l'humanité. Et à sa beauté. Soyons francs : le jeune ne voit souvent que lui et revendique pour se sentir exister. Quand je suis parti de chez moi, je ne me suis pas, ou si peu, retourné. Avec l'âge, les choses se remettent en place. On comprend alors que nous sommes reliés les uns aux autres à travers le temps. Je trouve très belle et très profonde cette coutume de la Grèce antique qui voulait qu'en signe de deuil tous les membres d'une famille réunis lors des funérailles d'un proche se coupent les cheveux. Comme Achille à la mort de son ami Patrocle.

Si, comme l'écrit Platon, « le corps est le tombeau de l'âme », la mort peut être considérée comme une bénédiction puisqu'elle nous délivre des tourments du corps : maladies, douleurs, peines…

Faire son deuil, d'une personne, mais aussi d'un amour, d'une amitié, d'un souvenir, voire d'une idée, ce n'est pas tout jeter aux oubliettes, c'est faire la démonstration que je peux vivre sans tout cela. Le deuil n'efface pas, comme une ardoise magique, la somme des souvenirs d'un vécu, il permet d'accueillir une nouvelle forme du présent. Un présent qu'il peut même purifier. Comme ces Grecs qui se lavaient les mains avec de l'eau de mer lors d'un enterrement.

Je dois ajouter qu'en faisant notre deuil nous nous séparons en premier lieu d'une représentation que nous nous faisions d'un être, d'une idée, d'un souvenir, d'un pays. Une représentation que nous avions tenue pour inaltérable et qui a disparu. Pourquoi ne pas admettre que nous pleurons souvent sur nous-mêmes ?

Je pense maintenant à mon grand-père Marcel. Blessé durant la guerre de 1914-1918, il faisait partie de ces « gueules cassées » qui avaient connu l'horreur des tranchées, des charges à la baïonnette, des attaques au gaz. Il avait vu la mort surgir sous ses yeux, le camarade qui trépasse quelques minutes après avoir évoqué sa fiancée restée au pays. Comme beaucoup de ces anciens poilus, il n'en parlait pas beaucoup. Pour avancer et pour survivre, sans doute devaient-ils pratiquer une sorte de deuil permanent. Blaise Cendrars en a très bien parlé dans *La Main coupée*, un de ses plus beaux livres.

Aujourd'hui, nous masquons la mort, en la cachant le plus longtemps possible, en employant des euphémismes pour la qualifier, en jouant sur les mots.

Nos civilisations occidentales construisent des modèles où l'idée même du vieillissement devient insupportable, où nous craignons de regarder la vieillesse en face. Alors, les moindres rides, les simples rugosités d'une main sont vouées aux gémonies. Demain, il faudra gommer tout ce qui est vieux.

Finir par avoir très peur de la mort, mais aussi, et surtout, de cette petite mort qu'est la vieillesse, revient à passer à côté de sa vie. Tout simplement. Je me méfie ainsi de cette obsession de l'hygiène chez nos contemporains. Une bonne chose, certes, quand elle fait reculer les infections et les maladies, mais une erreur quand cette propreté clinique essaie de gommer toutes les aspérités de la vie. Comme un faux-semblant pour ne plus voir la mort. Conséquence : on ne regarde plus la mort en face.

Ainsi, les rites traditionnels s'effacent. J'ai connu les tentures de deuil qu'on dressait sur les immeubles pour rendre hommage à une famille qui venait de perdre un des siens. Tout le monde, même les plus pauvres, se cotisait pour que le disparu ait une tombe décente. Tout, sauf la fosse commune ! La mort n'était pas cachée, elle était exposée. La regarder en face était une manière comme une autre de l'accepter, voire de la défier.

La tragédie de la Covid a encore renforcé cette horrible solitude en privant des milliers de personnes d'accompagner leurs morts vers leurs dernières demeures.

Tôt ou tard, la réalité de la mort nous revient en pleine figure. À nous de la remettre au cœur de notre existence.

6

Le deuil de la misère

Dès leur création en 1985 par Coluche, j'avais été enthousiasmé par les Restos du Cœur, qui, au fil du temps, ont distribué 171 millions de repas, assurant la survie et la dignité de milliers de familles. Aussi, en 2004, je n'ai pas hésité lorsque Véronique Colucci, l'épouse de l'humoriste, m'a demandé de l'aider. L'association, qui fonctionne majoritairement grâce au bénévolat de ses membres, reste pour moi une entreprise en tout point remarquable, qui pense l'intérêt général avant l'intérêt particulier et considère l'autre en tant qu'alter ego et non pas comme quelqu'un de différent par nature. Surtout les Restos donnent, comme le dit leur chanson, « de l'espoir à ceux qui n'en ont pas ».

Je me souviens très bien de cette femme d'une cinquantaine d'années m'avouant qu'elle n'osait pas dire à son mari qu'elle allait chercher de la nourriture aux Restos du Cœur. Je lui ai répondu que je comprenais, et même partageais, son émotion. Je savais d'expérience qu'un pauvre était puni deux fois. D'abord en étant privé de ce que les autres ont. Ensuite par la crainte du jugement de ces autres. Elle m'apprit ensuite qu'elle venait d'être interdit bancaire et qu'elle ne disposait plus de chéquier, ni de carte bancaire. En un mot, qu'elle était « morte ». « Aujourd'hui, me dit-elle, vous n'êtes plus rien si vous ne pouvez plus consommer. »

Au fil de la conversation j'ai senti monter en elle autant d'indignation que de colère. « Non, disait-elle, je ne suis pas rien parce que je n'ai pas de carte bancaire. » Elle était confiante dans le fait de pouvoir se former et retrouver un emploi. Elle n'avait pas baissé les bras.

Je garde ce souvenir très présent car il est fort concret. Tout simplement cette femme prenait conscience qu'elle se redonnait une dignité en faisant le deuil de cette idée de la consommation à tout prix.

De nouveau, se pose la question du deuil. Qu'est-ce que je lâche dans le deuil ? Qu'est-ce que je coupe ? Se poser ces questions est fondamental car elles permettent de se recentrer, de ne plus être en porte-à-faux. À ne pas choisir, on vit dans le règne du faux et des habitudes sclérosantes.

Sortir de cette zone de confort pour en faire le deuil nous pousse à nous priver d'une petite routine familière faite de gestes qui se muent en habitudes. À force de répétitions, on s'est convaincu qu'on ne pouvait plus faire autrement. Sans s'en rendre compte, on s'oxyde, on n'a plus envie d'aller de l'avant et on finit par se replier physiquement. De chrysalides qui s'étaient métamorphosées en papillons, nous constatons un jour que nous n'avançons plus, risquant même de retourner à une sorte de forme larvée. Tétanisés, enfermés dans la ritournelle d'un temps répétitif, nous n'osons plus. Nous n'osons même plus oser.

Ironie du sort : ce sont souvent les riches qui craignent davantage la pauvreté que les pauvres eux-mêmes. Quand on vient, comme moi, d'une famille modeste, on fantasme sur la vie des riches. On pense qu'ils n'ont pas de contraintes et que tous leurs soucis se sont éclipsés par un froissement de billets. Je sais aujourd'hui que ce n'est pas vrai.

Car les riches accumulent aussi les contraintes et les problèmes. Leur grande peur est de se sentir déclassés, d'être battus après avoir fait la course en tête. Je trouve surtout navrant de voir des pauvres calquant leur désir sur celui des riches. Vouloir faire comme si on était riche alors qu'on reste pauvre est édifiant. « Faut pas jouer les riches quand on n'a pas le sou », chantait ainsi Jacques Brel dans *Ces gens-là.*

La société de consommation nous pousse à ce type de comportement. Le message est clair : en vous appropriant une toute petite part de ce que possèdent les riches – un sac, des chaussures ou quelque objet de marque – vous goûterez aux privilèges des élites. Mais vous ne serez jamais inclus dans leur jeu. En consommant, vous êtes invité à faire comme si vous étiez riche, mais vous ne l'êtes que pour un temps défini et comme par procuration.

Alors, je me dis que j'ai eu la chance insigne d'avoir une mère qui ne jouait pas le jeu et qui refusait ce miroir aux alouettes des fausses valeurs.

7
Lâcher la main du passé

Je peux l'écrire aujourd'hui sans ambages : les différentes écoles d'insertion et d'inclusion que j'ai commencées avec Philippe et Véronique Carillon sont ma plus belle réussite.

Tout commence aux Restos du Cœur avec une autre Véronique, Véronique Colucci. Nous avions constitué un atelier de cuisine avec des participants, de nationalités différentes, qui avaient des parcours hétéroclites et qui se croyaient tous assignés à la précarité. Comme c'est navrant de se retrouver face à des personnes qui possèdent un beau potentiel, mais sont neutralisées par leurs inhibitions.

Très vite, je comprends que ce groupe est doué. Oui, doué ! Il suffit que je leur explique comment monter des blancs d'œufs ou faire des génoises pour qu'ils l'exécutent parfaitement. Je vois aussi qu'ils s'organisent : ceux qui savent bien lire et écrire copient les recettes, ceux qui ne savent pas agissent par mimétisme. Ils activent leur mémoire et acquièrent vite une maîtrise du geste.

Nous décidons alors d'aller plus loin et de créer un centre professionnel pour des gens éloignés d'un *projet métier*, mot que je préfère à celui, très figé, d'emploi. J'explique à Véronique Carillon que nous pouvons proposer à ces personnes de retrouver l'idée d'un projet pour qu'ils ne se croient pas condamnés à vie à la précarité. Véronique Carillon devient la marraine de ma première école, Cuisine mode d'emploi(s), puis de la deuxième, Boulangerie mode d'emploi(s), et enfin de Passeport pour l'emploi.

Avec Philippe Carillon nous voulons œuvrer concrètement sur le dispositif de la formation. Au centre de notre réflexion, l'idée qu'un savoir-faire est un viaduc pour l'émancipation et qu'il faut remettre des personnes éloignées du monde du travail en relation avec une activité concrète.

Nous sommes très fiers que 92 % des gens qui sont passés par nos écoles d'inclusion et d'insertion soient retournés à l'emploi en bénéficiant de l'acquis d'un métier. Ce qui me touche, c'est qu'à un moment donné, ils sont sortis de la précarité parce qu'ils ont eu un projet. Et que nous les avons accompagnés vers ce but.

Pourquoi ce succès ? En premier lieu parce que nous avons été très clairs. Ainsi, nous avons proposé que nos écoles soient gratuites, mais qu'en contrepartie l'investissement des participants soit total. Nous fonctionnons sur la base d'un contrat moral qui s'opère entre nous. On l'a appelé RER : Rigueur, Engagement, Régularité.

D'abord, les participants s'engagent à être droits dans leur conduite, tant sur l'écoute individuelle que sur le travail collaboratif. De mon côté, je déroule pour eux des compétences professionnelles. Je leur demande de l'attention. Tout doit partir d'eux, de leur engagement. Avec une exigence : lâcher la main du passé. Sur ce point on peut aider les participants, car nous sommes conscients que certains ont des parcours accidentés. En s'engageant, ils s'affranchissent des poids qui les ramènent perpétuellement en arrière pour enfin se projeter dans l'avenir au sein duquel ils peuvent le faire.

Autre élément fort du contrat : la régularité. Durant douze semaines, nous exigeons une assiduité et une ponctualité sans faille. Être irrégulier témoignerait d'un manque d'investissement. Qui plus est, ce serait occuper une place qu'un autre mériterait. Il est intéressant d'observer que nous leur parlons de modules de douze semaines et non de trois mois. Sur douze semaines, les participants disent qu'ils peuvent tenir et s'engagent plus facilement, alors que sur trois mois certains en doutent, comme si s'engager sur des mois leur faisait peur. C'est à cela que l'on note combien leur réinsertion et leur retour à l'activité sont entravés par le fait d'avoir été si longtemps privés de perspectives.

Résultat : nous sommes à 92 % de taux d'inclusion. Des personnes de toutes conditions, de 18 et 65 ans, ont pu intégrer les métiers de la cuisine. Quand on voit ce parcours, outre la fierté, on se dit qu'il y a toujours quelque chose à faire et que nulle situation n'est désespérée. Là où il y a une volonté, il y a un chemin.

Plusieurs mamans ou membres des personnels de service d'entretien de l'entreprise sont aussi venus me voir en me demandant : « Je m'intéresse à la cuisine. Est-ce que je peux aller à vos écoles ? »

Une seule réponse : « Venez ! »

Aujourd'hui, il m'arrive de les reconnaître dans les cuisines de restaurants. Ils ont trouvé un métier qui les fait monter en compétences, leur redonne une dignité et, avant tout, les moyens de vivre.

Je cherche à insuffler la même dynamique quand je vais à la rencontre de personnes en détention. À tous, je dis : « Autorisez-vous à penser que vous pouvez y arriver. » Nous travaillons sur l'idée de commencer par être le meilleur voisin possible. Quand je donne, on me donne. Réintroduire des rapports sociaux fondés sur le respect et l'échange pour casser les logiques de violence et d'exclusion. Nous voulons que ceux qui sortent des établissements pénitentiaires aient un projet qui les ramène vers la société, et qu'ils s'y accomplissent. Dans cette perspective, il ne s'agit pas d'être riche, mais d'être épanoui.

Reste une question : que faire pour les 1 600 000 jeunes qui sortent de l'école sans projet professionnel chaque année ?

Je constate d'abord que, malgré les plans éducation se chassant les uns les autres et faisant gonfler le mammouth, le malaise demeure. Ainsi, la mission, ô combien noble, de l'Éducation nationale ne réussit pas à gommer les différences de classes dans les apprentissages. Ce sont toujours ceux qui ont plus de moyens qui bénéficient d'accès facilités à la connaissance.

D'un côté, on laisse des gamins sans formation sur le bord de la route, et de l'autre, on fait en sorte que 80 % d'une classe d'âge obtiennent le bac. Sans penser que l'on défavorise ainsi ceux qui choisissent une filière professionnelle. Les parents de ces enfants orientés y voient un camouflet, et une première marque de discrimination à leur endroit et à celui de leur enfant.

Savoir lire, écrire et compter, c'est pouvoir lire un contrat et avoir l'assurance, comme me le disait mon grand-père, que « les riches ne te voleront pas ». Moi, je soutiens que dès l'âge de 10 ans tout enfant – quelle que soit sa classe sociale ou son origine – doit pouvoir s'autonomiser dans le savoir et développer un esprit critique.

Jules Ferry et Victor Hugo pensaient que l'école devait servir à créer des hommes libres et instruits. Mais voilà qu'à l'ère industrielle, la machine-outil retire du savoir-faire à la main de l'homme. Comme aujourd'hui la digitalisation ou l'intelligence artificielle diminue notre capacité à réfléchir. Nous devons ainsi être vigilants et ne pas être dépossédés de ce qui est essentiel dans la vie d'un homme : pouvoir juger en conscience et être responsable de ses choix. De mon point de vue, la quintessence de l'école est en premier lieu de créer un homme libre. C'est pourquoi elle reste un lieu sacré.

Nos écoles fonctionnent sur des partenariats public-privé. Les acteurs privés ont compris que, dans un pays fracturé, la réalité des tensions et des dissensions était énorme et que, pour pallier les risques d'insurrection, il fallait s'occuper des gens. Quand on pense à leur place et laisse prospérer la misère, on s'expose au pire.

Un de mes mentors, l'économiste Robert Guttmann, nous faisait une démonstration très simple pour nous faire comprendre les mécanismes sociétaux. Il prenait une bouilloire, la remplissait d'eau, bouchait tous les trous et la branchait. Il se retournait vers nous et nous demandait : « D'après vous, ça explose quand ? »

Puis il débranchait et répondait à notre place : « Moi non plus je ne sais pas quand ça va exploser, mais je sais que cela ne peut qu'exploser. »

Pour lui, mettre une pression excessive sur quelqu'un, sur un service, sur une communauté, sur un pays conduit inéluctablement à la confrontation violente.

Je rejoins cette position. J'ai trop vu et continue de voir autour de moi des gens qui, privés de parole, de moyens et, surtout, de projets, sont prêts à se jeter dans les bras de ceux qui leur promettent tout et n'importe quoi pourvu qu'on leur confie le pouvoir.

« Il ne t'arrivera rien, surtout si tu ne fais rien » : je crois que chacun de nous est porteur d'un talent. À un moment donné, avoir ne serait-ce qu'un seul projet pour une journée, c'est avancer.

Certes, j'ai vu sur les visages et perçu dans les cœurs trop de fatigue et de défaitisme. Mais il ne faut pas croire que c'est toujours la faute de l'autre. La stratégie du bouc émissaire a trop souvent bon dos. Les plus belles leçons de vie m'ont été données dans les hôpitaux par des gens atteints de pathologies lourdes, parfois incurables. Là j'ai vu des personnes combattre pour gagner un mètre de plus, pour vivre une heure de plus.

Oui, il y a toujours un chemin. Tant que je ne suis pas mort, je suis à même de construire un projet.

Je voudrais persuader ceux qui se trouvent dans la difficulté qu'ils peuvent se nourrir d'espoir. Les aider simplement à traverser la rue. De l'autre côté, il y a peut-être quelque chose de différent, une rencontre.

J'écris cela avec beaucoup d'humilité parce qu'il m'arrive, comme tout un chacun, d'avoir des doutes, des craintes, des peurs, et de me demander pourquoi je me suis encore « mouillé » dans telle ou telle aventure. Et puis finalement, je m'aperçois que toujours avancer donne une énergie folle.

Quand je pense que l'aventure des Restos est partie de la parole d'un seul homme, Coluche, je me dis qu'avoir un projet, ne serait-ce qu'un seul, peut changer le monde.

8

Le deuil de l'accessoire pour aller à l'essentiel

Dans le deuil, d'abord nous nous courbons. Puis, un jour, nous nous redressons. La vie est ainsi faite, de cette évolution entre ordre et désordre. Il faut donc apprendre à marcher droit sur un fil tendu. En tentant toujours de regarder au-dessus de la ligne d'horizon.

Si je ne me méfie pas des habitudes, du confort et des paresses anesthésiantes, je vais restreindre mon rapport au monde. Mais, attention : en vivant uniquement dans le désordre, privé de colonne vertébrale, je risque d'être, comme le roseau, le jouet du vent.

Je ne connais personne capable de tracer et de suivre une route exclusivement droite. Une vie faite uniquement de contraintes et d'exigences n'est pas une vie enviable. Mais avoir la présence d'esprit de remonter sur le fil, de savoir se recadrer est un sursaut qui donne de la fierté.

Mishima a bien décrit notre « espèce » : nous sommes des êtres friables, faibles à leur manière, qui peuvent finir par se complaire dans leur absence de lutte, alors que c'est la capacité à se tenir droit qui fait notre grandeur.

Au cours des siècles, les hommes n'ont eu de cesse de vouloir dominer la nature. Pour dompter un cheval, il a fallu l'observer et l'apprivoiser. Pour le monter, il a fallu le maîtriser et se maîtriser soi-même.

Notre corps est notre premier patrimoine, un bien précieux que nous devons enrichir. Dans la pratique de l'escrime ou au sabre, comme dans tout sport de combat, il faut être en verticalité, ne pas rester recroquevillé sur soi-même. Sans parler de sport de haut niveau, mais juste d'éducation physique, il est merveilleux de ressentir la potentialité d'action de son corps. D'ailleurs, on dit que dans l'escrime au sabre, l'esprit est double. Il est à la fois impur et pur. Impur parce qu'il est en connivence avec le désir et comme relié à lui ; pur parce qu'il s'efforce de se séparer de ce même désir. Il est de fait difficile de faire le deuil de cette dualité.

Prenons, dès notre enfance, conscience de notre corps pour nous éveiller à notre liberté d'action. Chez moi, je l'ai dit, nous étions pauvres. Mais en bonne santé. Ma mère me disait souvent : « Quand, à la place du prix d'un ticket de métro, on peut marcher, c'est déjà un bénéfice. » Un bénéfice sur la vie. Il n'y a pas plus important que de se sentir vivant. Les gens qui ont réchappé à une grave maladie ou qui sont sortis de l'impotence le savent mieux que personne.

En fait, la vie nous oblige à surfer en permanence sur des vagues. Quand elles sont douces et agréables, on s'y complaît. Quand elles sont violentes et déchaînées, il faut bien les affronter.

Nous sommes liés aux lois de la nature, qui sont particulièrement violentes. La nature est réglée sur une logique essai-erreur. Ce qui ne fonctionne pas, elle l'élimine.

Et nous sommes, nous aussi, assujettis à cette loi. Si nous nous laissons aller, la vie nous éjecte. C'est pourquoi je crois qu'il faut toujours essayer de voir plus loin que sa condition de départ. J'ai toujours fait en sorte de garder une bonne condition physique pour affronter la vie. Un capital de départ qui m'a permis, du moins je l'espère, de rester droit dans mes choix, droit dans mes projets, et le regard porté haut sur une ligne d'horizon.

Il faudrait aider bien plus tôt les jeunes en difficulté. Par le sport bien sûr, parce qu'il enseigne des valeurs et permet d'être en verticalité et de prendre confiance en soi. Mais aussi, je pense, par l'art et l'artisanat, qui sont deux autres grands moteurs d'inclusion dans nos quartiers. Pourquoi ? Parce qu'à chaque fois, il faut faire pour apprendre. Alors, la répétition du geste nous enseigne que nous sommes capables de nous améliorer. La réalisation d'un plat, d'une toile ou d'une action est dans la main de son auteur.

Je suis souvent interpellé par des gens qui me demandent des conseils. Au fond de moi, connaissant mon parcours, cela me fait doucement rigoler. Je ne suis pas un sage parmi les sages. Les jeunes me questionnent souvent. Et cela me touche. Je leur dis franchement que je n'ai pas, à proprement parler, de conseils à leur donner, sinon de rester droits, de maintenir leur condition physique, de ne pas trop déraper. Je suis intimement convaincu que la sueur permet parfois d'éviter les larmes. Mais je ne le leur dis pas. Chacun doit affronter la vie et se mesurer à soi-même comme il le peut.

Il m'est arrivé à mon tour de réclamer des conseils. Au Japon, il y a une dizaine d'années, dans un temple bouddhiste, j'ai osé approcher un moine et lui dire : « Voilà dix ans que je fais des retraites et pratique le jeûne pour perdre du poids. À quoi cela sert puisque je ne maigris pas ? »

Très calme, il m'a répondu : « Le jeûne n'est pas fait pour maigrir. Le jeûne, c'est pour savoir si vous avez faim ou simplement envie de manger. »

J'en suis resté estomaqué (c'est le cas de le dire). Dix ans de jeûne pour rien. Mais, j'ai vite compris que la vraie question à se poser était bien : ai-je faim ou ai-je simplement envie de manger ?

Plus le temps passe, plus l'essentiel apparaît. Peut-être que c'est ça aussi, l'école du deuil : arriver à la vraie question. Et la vraie question est de savoir ce qui nous détermine dans nos choix.

Une fois par an, je fais un stage avec un de mes amis, ancien des commandos parachutistes. Nous partons en montagne sans téléphone, avec juste une balise, une carte et une boussole. Au départ, nous nous disons : « Cap sur cette montagne », et nous partons. La fleur au fusil, comme on disait. Mais, très vite, la nature reprend ses droits : le ciel change, il pleut, des rivières sont à traverser, le sac pèse, chaque kilomètre est une épreuve. Peu à peu on s'adapte aux conditions et on se remobilise sur l'essentiel : de quoi ai-je besoin ? Que puis-je faire ? Bref, on doit refaire le cap. En fait, nous passons notre vie à refaire le cap.

Alors, je pense souvent aux sherpas que j'ai vus progresser sur les pentes sinueuses de l'Himalaya. D'une certaine façon, ils m'impressionnent plus que les athlètes. Le sherpa ne marche jamais très vite, mais avance d'un pied assuré à un rythme mesuré. Souvent, il n'a pour chaussures que de simples sandales. Pour moi, le sherpa, c'est la politique des petits pas, mélange d'analyse constante des conditions alentour et du but à atteindre. Le sherpa, c'est avant tout un homme qui avance.

Sans doute mes marches-commandos en montagne peuvent paraître un peu brutales et je ne les recommanderais pas à tout le monde. Moi, elles me vont bien. Comme des exercices de méditation active. Partir à la rencontre de l'inconnu et nécessairement des difficultés qui vont surgir nous confronte à la force de la nature et à notre propre vérité.

En faisant le deuil de l'accessoire pour aller à l'essentiel.

9

La curiosité, une école du deuil et de la réussite

Quand je parle de l'école du deuil, je parle aussi de cette capacité à être focalisé vers un but et faire sans cesse des choix pour l'atteindre. La curiosité, loin d'être un vilain défaut, devient alors cette force qui nous pousse à faire des choix pour aller de l'avant. Un Compagnon du devoir chez qui j'ai été formé me disait souvent : « Retiens bien cela, petit, ce n'est pas ton patron qui protège ton emploi, c'est ta curiosité. »

J'ai eu la chance de mettre ce précepte en pratique et de découvrir que plus nous sommes curieux, plus nous avons soif d'apprendre. Aujourd'hui, avec la somme d'expériences emmagasinées, je sais aussi que plus on s'élève, plus on est un homme libre.

Quand elle est saine et motrice, la curiosité devient un formidable carburant qui permet de se défaire des fausses valeurs comme le culte de la richesse, de penser par soi-même et d'éviter les pièges des communicants ou des gourous.

La curiosité m'a aussi permis de faire de belles rencontres. D'abord, parce qu'elle m'a empêché d'avoir des *a priori.* Ensuite, parce qu'elle m'a permis de tendre l'oreille à ce que les autres ont à dire et peut-être, au fil du temps, à mieux les entendre. J'ai rencontré des hâbleurs qui n'avaient rien à dire et des taiseux qui renfermaient des trésors de sagesse.

P'tit gars de la rue, militaire, Compagnon, artisan cuisinier, chef étoilé, entrepreneur, je crois que si j'ai eu le goût du risque, c'est parce que j'ai eu aussi le goût de la vie et des gens. Je suis passé du môme incertain, bouillonnant à l'intérieur, à un adulte qui essaie d'agir dans un esprit de justesse et de justice. Et je sais que cela peut rendre heureux.

« Sois curieux… » : ce message entendu jadis, je le répète à mon tour à mes jeunes collaborateurs. Dans la partie créative de la cuisine, nous nous devons d'être exigeants, mais, aussi, innovants. La résultante d'un bon plat qui s'accommode au goût est un mystère. Trop simple, il est commun, trop complexe, il perd de son unité. Un bon plat doit être équilibré, tout en imposant une identité forte.

La cuisine a été pour moi un moyen d'exister, puis elle est devenue une passion créatrice, enfin un tremplin pour entreprendre. J'insiste pour que ces jeunes ne soient pas tétanisés par les règles et les institutions. Que leur désir et leur créativité ne soient pas bridés.

Le milieu de la cuisine, hier austère, hiérarchisé, violent, s'est considérablement ouvert, et je m'en réjouis. Si je confie aux jeunes une partie importante de mon propre capital de chef d'entreprise, c'est justement parce que ce partage de la valeur compte beaucoup pour moi. Il faut qu'ils soient capables, quels que furent leurs parcours – et il vaut mieux qu'ils aient été variés –, de diriger des entreprises et se sentent libres de faire ce qu'ils veulent faire.

La richesse n'est pas le but à atteindre. Cela me va bien parce que je viens effectivement d'un monde modeste, que j'en garde le souvenir et que j'en ai la fierté.

Les entrepreneurs sont d'abord mus par un projet. On a beau tomber à bras raccourcis sur le monde de l'entreprise, il n'en reste pas moins vrai qu'au départ d'une aventure entrepreneuriale, qu'elle soit grande ou petite, il y a une personne qui a eu l'audace d'un projet.

Avoir le courage de se lancer et d'affronter les difficultés qui ne manqueront pas de se présenter sur le chemin de l'entrepreneuriat est pour moi très méritoire.

Je n'ai jamais vu une personne absolument sûre de réussir. Toute entreprise est un pari. Il est rare que cela marche du premier coup. On a beau avoir la tête bien faite, un projet bien ficelé, des appuis solides, il faut avoir encore quelque chose en plus pour réussir. Cette chose en plus, je crois que c'est la détermination.

Un jeune qui se lance peut avoir les yeux plus gros que le ventre. Au départ de toute entreprise, il y a une volonté d'être reconnu. À fréquenter mes jeunes collaborateurs, ce que je perçois surtout, c'est leur volonté de refuser le défaitisme ambiant et les discours aux semelles de plomb. Je les entends qui nous disent : « Laissez-nous avoir de l'ambition. » De même qu'il y a une curiosité saine, il y a pour moi une vertu à l'ambition. Tout le monde a le droit de cultiver son talent et de sortir de sa condition.

J'ai la chance de beaucoup voyager et de fréquenter des personnes évoluant dans tous les domaines. Ma passion d'entreprendre, je l'ai découverte au contact des autres. En Australie, à Hong Kong, en Thaïlande, au Japon, j'ai cultivé un goût des saveurs avant de me lancer au *Roc en Val*, à Tours ou au *Cheval Blanc*, à Nîmes. Après dix ans dans le Médoc, au Relais & Châteaux *Cordeillan-Bages*, j'ai été élu « cuisinier de l'année » par le guide Gault & Millau. Sont venues les années au *Mandarin Oriental*, à Paris, et quelques années de participation au jury de l'émission Top Chef.

Maintenant, je me consacre aussi à de nouvelles activités : le développement du réseau de nos écoles Cuisine mode d'emploi(s), qui compte désormais une dizaine d'établissements permanents en France, ainsi qu'une quinzaine de formations itinérantes, et la présidence de l'Union des métiers et des industries de l'hôtellerie, organisation patronale qui regroupe les hôtels, les cafés et restaurants.

Oui, j'ai beaucoup travaillé pour me hisser à ce niveau. Aujourd'hui, ma perspective est différente : je pense que l'entreprise est le lieu où les fractures sociales peuvent se réduire. Dans l'action entrepreneuriale on a besoin de toutes les compétences et de toutes les énergies. Pour moi, telle que je la pense, l'entreprise est d'abord un espace d'échange social et non d'opposition.

Ce n'est peut-être pas un hasard si j'ai été naturellement attiré par le monde de la cuisine, qui sait faire lien et rassembler les hommes. Mon activité entrepreneuriale n'est ni plus ni moins que la poursuite de cette idée.

10

Ce deuil qui nous permet de renaître

On me demande souvent comment j'ai fait pour réussir. Je réponds systématiquement que je n'ai pas eu de recette toute faite. Du reste, il n'en existe pas. Aucun futur n'est écrit et aucune position n'est acquise. Celui qui rompt dès la première difficulté rencontrée ou trouve des prétextes pour repousser le combat refuse l'essence même de la vie. Se bouchant les oreilles, il n'écoute pas son rythme, ses pulsations. La vie, c'est de l'adaptabilité permanente. Si nous passons parfois par des phases de renoncement, nous sommes contraints d'autres fois, particulièrement quand nous sommes acculés, à trouver des solutions et à être plus forts que nous le croyions.

Ce sursaut pour la survie, je l'ai observé dans le sport, dans les missions où je suis engagé ou dans l'entrepreneuriat au sein des sociétés que je dirige. Dans ces trois domaines, j'ai pu constater que nous n'étions jamais meilleurs que dans l'action.

J'irai même plus loin. C'est souvent dans l'adversité que nous nous révélons. Comme ces boxeurs acculés dans les cordes qui se cabrent et renversent le match.

Si je ressens de plus en plus le besoin, voire l'exigence, de m'entraîner à la boxe, au judo ou au sabre, ce n'est pas seulement pour être en forme et me sentir bien dans mon corps, mais, plus profondément, pour me préparer à affronter les crises à venir.

À l'entraînement, face à des situations simulées, nous pouvons développer des schémas tactiques, travailler nos points faibles. En compétition, dans la vérité des choses, nous comprenons tout de suite si nous sommes prêts ou non.

Même schéma pour l'entreprise. Là, il est nécessaire d'élaborer des budgets prévisionnels, de calculer les risques. En entreprenant, nous pouvons déranger des cercles établis par d'autres, qui ne sont pas forcément d'accord à l'idée de nous laisser une place. Cette place, il faut se la faire tout seul.

Celui qui pratique l'escalade sait que le fait d'avoir peur de tomber est le lot de tous. Mais seul celui qui grimpe doit savoir lâcher une prise pour en trouver une autre et ne pas rester bloqué.

Nous devons aussi garder notre disponibilité physique et mentale pour pouvoir nous adapter. Si l'on s'engage dans un projet, il y a nécessairement une prise de risque et l'obligation de faire le deuil de plein de petites choses.

Attention : s'il faut se préparer à affronter des crises, cela ne nous empêche pas de rester optimistes. Les êtres humains ont le pouvoir d'anticiper. Au lieu de se boucher les oreilles en se disant que le ciel va nous tomber sur la tête, mettons-nous en capacité de réagir. Jouons vraiment le match sans attendre de subir la loi de l'autre. Alors, je retrouve une fois encore ce schéma tactique d'une défense dans l'attaque ou d'une attaque dans la défense.

J'en arrive tout naturellement au deuil qui nous permet de renaître. C'est avant tout l'acceptation du principe de vie, c'est-à-dire de notre course vers la mort, qui m'octroie le sursaut d'une nouvelle énergie. Je le sais : cela est assez fou de penser que dans le cours d'une vie nous pouvons assister à plusieurs baptêmes de nous-mêmes. Ajoutons qu'il peut aussi nous arriver de faire le deuil d'évènements que nous n'avons pas vécus.

Nous pouvons passer à côté de quelqu'un que nous aimons parce que nous pressentons, à tort ou à raison, que ce n'est pas le moment de vivre ensemble. Dans les comédies romantiques, les deux protagonistes sont très éloignés l'un de l'autre – ils sont même antagonistes –, mais la force attractive de l'amour va finir – après bien des obstacles et des péripéties – à les rassembler. Et si nous aimons ce genre de films, c'est justement parce qu'ils montrent cette forme de prédestination de l'amour.

Attention : dans la vie il arrive souvent que les choses se passent tout autrement. À nous de nous préparer à l'idée d'être passés à côté de quelqu'un. Et d'en faire le deuil. Enfin, la vie est à ce point complexe et déroutante qu'on peut aussi faire le deuil d'un rendez-vous manqué ou d'une histoire impossible.

Mon credo : vivre en regardant devant moi, mais sans oublier le passé. J'ai toujours présent en mémoire le visage de ma mère, de mon père, de mon grand-père, de ma grand-mère. Ce souvenir n'est pas triste. J'en ai même fait quelque chose d'heureux. Comme dans le shintoïsme où rien ne meurt car tout redevient vie. Cette école du deuil n'est pas une recherche de l'oubli du passé et du manque de respect que cet oubli peut entraîner. Je n'oublie pas les gens qui comptent ou ont compté dans ma vie. Je sais surtout que tous les hommes de bonne volonté ont voix au chapitre.

En revanche, je n'aime pas ces fausses nostalgies ou ces images recomposées pour se faire croire que nous sommes en accord avec notre passé, ce qui est souvent faux. Je trouve ainsi nocives et contraires au mouvement de la vie ces rengaines du « c'était mieux avant » qui valorisent le passé en dénigrant le présent. N'oublions pas, quand même, que ce passé n'était pas toujours brillant, et que le temps a fait évoluer beaucoup de choses dans le bon sens. Bref, je ne mélange pas nostalgie et passé.

Je suis donc entré dans le métier de la cuisine un peu par effraction. Personne ne m'attendait là. Il n'y avait aucune raison pour que je fasse le parcours que j'ai fait et dont je suis fier. À plusieurs reprises, notamment lorsque j'ai été élu chef de l'année en 2004 et en 2006, j'aurais pu me dire que j'étais tiré d'affaire. Non, je me suis demandé ce que je pourrais faire pour les miens.

Après un passage à la télévision, beaucoup de gens m'ont écrit qu'ils venaient du même quartier que moi et qu'ils y avaient connu les mêmes galères.

Que faire ?

S'engager.

Jadis, le parti communiste était très actif dans mon quartier comme dans tous les quartiers populaires. Sa voix portait, qui nous disait : vous êtes les masses prolétaires, vous pouvez manifester. Mais nous, ce n'était pas manifester que nous voulions. On voyait bien que dans les cités, on nous coupait l'électricité au premier impayé. On nous disait que ce n'était pas bien de devenir patron. Mais nous, justement, on avait envie de devenir patron, parce qu'on voyait nos parents qui étaient terrorisés le dimanche soir avant d'aller reprendre le boulot. Ils n'avaient pas d'autre choix s'ils voulaient se maintenir à flot, quitte à continuer de vivre dans des conditions précaires.

On peut venir du monde ouvrier et devenir un homme libre et indépendant. Il s'agit, hier comme aujourd'hui, d'un combat à mener. Être pauvre ne doit pas nous restreindre à un rôle prédéfini. Tous peuvent réussir. L'injustice, c'est de croire que nous sommes assignés à vie à la même fonction et laisser certains, et ils sont nombreux, nous faire croire qu'il en sera toujours ainsi. Je pense qu'il faut absolument que des gens qui, comme moi, sont d'extraction sociale modeste et ont de la curiosité et l'envie de grandir puissent réaliser leurs rêves.

Abandonner une situation, fût-elle confortable et stable, pour plonger dans l'inconnu peut générer une palette d'émotions allant de l'excitation à la peur, en passant par le doute et l'incertitude. J'appelle cela « la mer de l'incertitude ». On a tous la trouille de ne pas y arriver. Et cette mer semble si difficile à traverser que l'on se demande s'il ne serait pas plus simple de reculer et de rester dans sa zone de confort.

Oui, nous nous créons nos propres freins. Psychologiques, sociaux. On se dit : « Non, ce chemin n'est pas pour moi, pas pour des gens comme nous. » C'est un grand tort. Il n'y a pas de mauvais élèves, mais des rendez-vous manqués. Il n'y a pas d'histoire qui soit écrite à l'avance.

Pour arriver à la connaissance de soi, les étapes du deuil sont nécessaires. Là se trouve tout le paradoxe, mais aussi toute la grandeur, de ce phénomène. Pour aller jusqu'à soi, il faut surmonter des épreuves et faire des choix. Bien sûr, il faudra souffrir. Quelle vie peut se dire sans souffrance ? La résignation ne peut être une solution en ce qu'elle prive l'homme de toute volonté.

Accepter de faire le deuil, c'est faire le choix d'avancer, comme nous l'avons dit, mais c'est peut-être aussi une façon d'admettre l'existence de quelque chose qui nous pousse à devenir nous-mêmes. Faire le deuil d'un proche, d'une idée, d'un passé, d'un travail, c'est d'abord faire l'expérience de nous-mêmes. Aller jusqu'au bout du deuil permet alors une réconciliation. Enfin, je peux me séparer de ce manteau de peine qui me servait de parure.

11

Le deuil, acte de vie

Au fil des années, je pense avoir compris, ou plutôt appris, que le deuil n'était pas seulement cette immense affliction que l'on éprouve à la mort d'un proche, cette souffrance qui semble ne pas avoir de fin. Non, pour moi, aujourd'hui, le deuil est, aussi paradoxal que cela puisse paraître, un acte de vie. Cette vie, qui nous pousse à aller de l'avant, est aussi une succession de deuils : de notre enfance, de notre jeunesse, de nos premiers amours. Deuil, aussi, de beaucoup de nos rêves qui s'évanouissent dès leur confrontation à la dure loi du réel.

L'école du deuil, comme disait mon ami photographe, c'est peut-être avant tout d'avoir un rapport objectif à soi-même. Savoir qui nous sommes et ce que nous voulons. Apprendre à aller de l'avant. Mais sans renier pour autant ses origines. Oui, je suis fier d'être un petit gars de Ménilmuche, qui aurait pu mal tourner, et qui a réussi. Ce parcours n'est pas le fruit du hasard. Je n'ai pas gagné le gros lot à la loterie, mais je n'ai pas ménagé mes efforts pour arriver là où je suis.

Pourtant ce mot, « réussir », continue à me faire peur. Je ne me reconnais pas dans cet idéal de la réussite vue comme une perpétuelle conquête. S'il s'agit d'obtenir une place réservée et de passer son temps à la défendre, très peu pour moi.

J'avoue aussi – mais chut ! – que les personnes dont on dit qu'elles ont réussi m'ennuient souvent profondément. Elles affectent une vanité qui me déplaît parce qu'elles oublient, d'une part, qu'on ne réussit jamais tout seul, et d'autre part, que toute réussite est précaire. Terriblement précaire.

J'entends déjà les critiques : c'est trop facile de faire ce constat une fois passé de l'autre côté de la barrière. Je reconnais que, dans un premier temps, j'ai voulu conquérir. Quand on veut conquérir, on amasse. C'était évidemment un réflexe de pauvre.

De mon enfance à Ménilmontant, j'ai appris que l'on pouvait vivre avec la diversité. Dans une république qui sait respecter les équilibres entre l'État, le privé et le collectif, le corps social peut s'accorder et fonctionner.

Avec le temps, je crois davantage à l'humilité et à la force de l'analyse. Quand on fonce tête baissée, il n'est pas rare qu'on fonce dans le mur.

Ramenés à notre position d'êtres mortels, juste de passage sur cette terre, nous découvrons l'humilité en comprenant que nous faisons partie d'un tout en perpétuel mouvement. Lutter de manière absurde contre des phénomènes plus grands que nous révèle avant tout notre orgueil. Or, pour moi, l'humilité consiste à avoir cette connaissance et ce recul sur la vie. Il faut prendre l'homme pour ce qu'il est : un être en perpétuel mouvement, en perpétuel changement.

Edgar Morin, que j'admire beaucoup, a montré que les hommes, dès qu'ils sont dans une situation trop stable, finissent par la dérégler car, fondamentalement, presque viscéralement, ils désirent autre chose. Pour lui, nous pouvons sortir du cloisonnement disciplinaire et, alors, toute vie peut s'inventer. Ce sont les faits qui nous apprennent à penser. Certes, il est confortable de rester dans un état d'enfant, c'est-à-dire dépendant et, pour partie, démuni.

Se redresser pour devenir un homme, grandir au sens propre du terme, nous oblige à quitter cet état d'infantilisation où la société nous maintient trop souvent. Je me sens très proche de Morin quand il écrit que l'homme est une conquête. Un savoir-être.

Je pense ainsi que l'école devrait être considérée comme un espace sacré puisque s'y développent notre corps, notre intelligence et notre relation aux autres. S'y éprouve aussi notre esprit critique, qui est notre bien le plus précieux pour affronter l'existence.

Partout où je me suis retrouvé, comme élève ou comme enseignant, j'ai pu observer qu'un désir a infiniment plus de valeur quand il vient du fond de nous-mêmes, au lieu d'être la reproduction mimétique de quelque mode absurde ou l'ânonnement stérile de la pensée dominante.

Ce sentiment n'est ni plus ni moins qu'un sentiment de vie, cette vie qui coule sur nous et nous abreuve, telle une eau translucide. Cette vie, justement, qui m'a appris la difficulté de se trouver soi-même, de se relier pleinement au monde. Si je suis riche aujourd'hui, c'est surtout de la somme des rencontres et des expériences qui m'ont fait voir le monde plus grand et plus intéressant que je le pensais.

Du haut de mes 10 ans, quand je commençais à faire les quatre cents coups à Ménilmontant, je n'imaginais pas qu'un jour je ferais le tour du monde et que je trouverais dans d'autres civilisations et dans d'autres cultures des terres d'épanouissement. Plus trivialement… que je mangerais si facilement avec des baguettes !

Longtemps prisonnier de mes émotions, par manque de discernement ou par précipitation, j'ai pu blesser des gens. Et je m'en veux. Il faut savoir que la cuisine est tout autant un théâtre qu'une arène où la faute n'est pas permise. Si je ne suis pas dur, les faits le sont. On s'y heurte et on finit par les incriminer pour se dédouaner d'avoir failli.

Dans mon panthéon des hommes illustres, anonymes comme célébrités, tous ont en commun le goût de la vie et de l'action. Tous ont dû se défaire d'une peau pour en endosser une autre. Tous ont dû surmonter des obstacles pour atteindre leur but.

Sebastiao Salgado fait partie de ces hommes. Comment ce jeune garçon issu d'une famille de huit enfants a-t-il pu s'extraire de son milieu, commencer des études, fuir la dictature brésilienne pour soutenir un doctorat en économie agricole à Paris, puis, au terme d'un parcours déjà méritoire, trouver la force de faire le deuil d'une position acquise et d'une notoriété établie pour repartir sur une nouvelle voie et devenir photographe ?

Et quel photographe ! Avec son appareil argentique et ses tirages en noir et blanc, je pense qu'il a pu représenter mieux que personne la condition humaine. Il fait partie de ces artistes dont chaque composition touche à l'essentiel. Outre son talent incroyable, qui repose aussi sur la force des sujets choisis – souvent des hommes et des femmes au travail – j'admire sa grande maîtrise de l'équilibre. Rien ne manque et rien n'est en trop dans ses photos. Cela relève du miracle.

« Je me suis aperçu, déclarait-il lors de l'inauguration de l'exposition *Aqua Mater* qui lui était consacrée en 2022 sur l'esplanade de la Défense, que les images me donnaient dix fois plus de plaisir que les rapports économiques. Je commençais à voir le monde d'une autre manière, à travers le viseur et par un contact direct avec les gens. »

Voilà donc, pour moi, un homme qui a pris des risques. Non pas, est-il utile de le préciser, au sens que lui donnent les apôtres du capital-risque, dont le seul pari est de jouer de l'argent… le plus souvent celui des autres.

Un autre homme, très différent, qui m'inspire et m'accompagne, se nomme Hélie Denoix de Saint Marc. Il incarne pour moi le sens de l'honneur et le courage portés à leur point le plus haut, qui ne sont pas la recherche de risques inutiles, mais la meilleure prise de décision au moment du danger. À 19 ans, il entre dans la Résistance. Capturé, il est déporté à Buchenwald, puis à Langenstein-Zwieberge. Quand le camp est libéré, on le retrouve gisant, inconscient. Il mettra plusieurs mois à retrouver la mémoire. Grand-croix de la Légion d'honneur, il va combattre en Indochine, puis en Algérie.

La vie de Saint Marc aura toujours été conforme à une haute exigence morale. Se hissant toujours plus haut que lui-même, il fut aussi un homme de terrain. Je veux dire : pas un donneur de leçon. Pour lui (comme pour moi...), l'éducation physique était fondamentale. Si le corps est aguerri alors l'éducation mentale est possible. Bref, il faut toujours se tenir droit. Dans son corps comme dans ses raisonnements. Pour qui vit loin de tout danger ou de tout risque derrière son ordinateur, le réveil est brutal, car, tôt ou tard, le réel, qui a rapport avec la douleur, la maladie, la mort, finira par réapparaître.

Faire son deuil de ces fausses vies est nécessaire pour ne pas se bercer d'illusions. L'homme statique, qui ne fait que subir, ne peut se réaliser.

Attention : il n'est pas question de subir un sentiment qui vous empêche d'agir. Au contraire, il ne faut pas s'encombrer de choses inutiles. J'ai toujours eu à lutter contre des freins que je m'étais imposés et j'ai souvent dû capituler devant une partie de moi-même. Oui, il est très difficile de se regarder en face, dans la glace, comme on dit. Sans se mentir ni se chercher des excuses. « Ah ! si j'avais fait ceci ou cela… »

Ceux qui ont connu les champs de bataille racontent qu'ils y ont souvent assisté à des gestes impressionnants de solidarité, de courage et de camaraderie. En pensant à ceux qui sont tombés, je ne peux oublier la prière des parachutistes, écrite par André Zirnheld, un professeur de philosophie, premier officier parachutiste tué au combat lors d'une opération des Forces françaises libres en Afrique :

« Donnez-moi, mon Dieu, ce qui vous reste
Donnez-moi ce qu'on ne vous demande jamais.
Je ne vous demande pas le repos
[…] ni même la santé.

Tout ça, mon Dieu, on vous le demande tellement
Que vous ne devez plus en avoir.
[...]
Je veux l'insécurité et l'inquiétude.
Je veux la tourmente et la bagarre
[...]
Que je sois sûr de les avoir toujours,
Car je n'aurai pas toujours le courage
De vous les demander. »

« La difficulté attire l'homme de caractère, car c'est en l'étreignant qu'il se réalise lui-même », écrit Charles de Gaulle dans *Le Fil de l'épée*. « Le cheval calme, en avant, et droit », ajoute le général L'Hotte, écuyer en chef du Cadre noir de l'École nationale d'équitation de Saumur. Cette équitation, qui nous enseigne la droiture, peut, alors, être considérée comme un des premiers arts martiaux.

Le vrai temps de l'homme n'est ni l'optimisme à tous crins ni le pessimisme mortifère. Pour moi, la nature de l'homme est d'aller de l'avant. Je ne crois pas aux hasards extraordinaires, aux bonnes étoiles et aux coups de baguette magique, je crois surtout à la détermination, au travail et aux belles rencontres.

« Celui qui ne combat pas a déjà perdu », a écrit Bertold Brecht. Ce qui m'anime le matin, ce sont les combats à mener. Savoir qu'ils sont viables, que leurs bénéfices seront partageables, et qu'ils portent ceux qui y participent vers une voie d'épanouissement.

Être partisan de la vie, c'est accepter la mort et accepter le deuil. J'ai toujours à l'esprit ce que me confiait mon ami Julien Lauprêtre, un des fondateurs du Secours populaire, qui avait été arrêté par la police allemande en 1942 pour des faits de résistance : « En prison, racontait-il, j'avais rencontré deux garçons de mon âge. Le premier pleurait : "Les Allemands, expliquait-il, ont interdit une compétition de natation à la piscine Molitor et j'étais sûr de gagner." "Moi, me dit le second garçon, je fais partie du groupe Manouchian, et je risque d'être fusillé." Il ne pleurait pas. »

CONCLUSION

La formidable leçon des Paralympiques

Oui, je me souviendrai longtemps de ce samedi 7 septembre 2024 où j'ai eu l'honneur – je dis bien « honneur », et le mot n'est pas galvaudé – de frapper les trois coups de l'ouverture des compétitions de judo des Jeux paralympiques de Paris. Bien sûr que j'étais fier, et ému, moi le petit gars de Ménilmontant, d'être là, applaudi par les milliers de spectateurs dans ce décor somptueux. Et pour célébrer ce sport auquel je dois tant.

Les combats ont commencé et j'ai alors compris que nous, les valides, nous étions en train de prendre un sacré coup dans la gueule. Nous qui nous plaignons du moindre bobo, d'un tour de reins ou d'un ongle incarné. Nous qui rechignons à nous lever le matin pour aller travailler. Nous qui restons assis plus souvent qu'à notre tour. Nous voilà en face de jeunes garçons et de jeunes filles qui ont su faire leur deuil, grâce à une force de vie acharnée, d'un bras, d'une jambe, de la parole ou de l'audition.

En suivant les combats, j'ai aussi compris, comme tous les publics de ces Jeux, que ces athlètes avaient aussi réussi à nous faire gommer leurs différences. Comme si, nous aussi, nous avions fait le deuil de ces bras ou de ces jambes manquants, pour nous passionner tout simplement pour une bagarre à la loyale entre athlètes de haut niveau.

Alors, nos regards n'ont plus été les mêmes.

Reste à espérer que ces trois coups résonneront encore longtemps.

TABLE DES MATIÈRES

Du même auteur
au Cherche Midi

La Stratégie de la libellule, 2018

Pour plus d'information :

www.lisez.com

Imprimé sur du papier issu de forêts gérées durablement.

Achevé d'imprimer par
Normandie Roto Impression s.a.s. à Lonrai
N° d'impression : 2404957

Imprimé en France